Ion
Caraion : Poems

Ion Caraion

Ion Caraion: Poems

English Translation by
Marguerite Dorian and Elliott B. Urdang

Ohio University Press
Athens, Ohio
London

The poems *Tomorrow The Past Comes*, *Abyss*, *Always In March*, *De-Ornamentation*, *Toast* and *Shapes*, originally appeared in MUNDUS ARTIUM, *A Journal of International Literature and the Arts*, Volume VIII, Number 2, 1975. The translators acknowledge gratefully the support of its editor, Rainer Schulte, for the publication of this book.

Library of Congress Cataloging in Publication Data

Caraion, Ion.
  Ion Caraion: Poems.

  English and Romanian.
  I. Urdang, Elliott B. 1936-   . II. Dorian,
Marguerite. III. Title.
PC840.13.A72A27   859'.134   81-4847
ISBN 0-8214-0608-6   AACR2
ISBN 0-8214-0620-5 (pbk.)

Translators' Note

FOR THOSE who wish to explore the Romanian text, yet are unfamiliar with the language, a brief guide to pronunciation is offered.

In general, vowel and consonant sounds are similar to Italian, with the following exceptions:

ă is like "u" in "butter"; î is like the "i" in "build"; ţ is "ts"; ş is "sh"; z is the English "z"; j is like the "s" in "measure"; g and c before î are hard.

Contents

Introduction

TRANSLATING POETRY into major languages serves more purposes than simply the delight in the game: it feeds that common reservoir of world poetry which supplies poets, students of language and literature, readers of poetry, dreamers and armchair travelers; it reconfirms affinities between people separated by languages, and lowers bridges of infinitely subtle structures across intervals that could not be crossed in any other way. Yet as much as we view poetry as a universal experience, a miracle that unifies human diversity, and regard the vast body of poems of the world as fragments of the same meteor, the particular forms which this miracle takes prove too often to be welded to very specific traditions. Ion Caraion, an important contemporary Romanian poet whose work is presented here in an English language collection for the first time, is a case in point.

English translators have already remarked on the strange bones on which East European poetry grows, calling it an experience somewhat outside the Western tradition, eluding definitions. Perhaps Romanian poetry grows on the bones of the unfamiliar Romanian lyrical tradition. What goes into its making ultimately evades analytical decanting: the curve of a certain landscape — the light of the seasons — a dense body of myth and folklore with its legends and songs — Ovid's exile on the shores of the Black Sea — echoes of Byzantium — a language in itself immensely lyrical and metaphorical in its daily informality, the instrument of a people that extends easily into song. For these there simply are no English equivalents; possibly, then, the temperature of the original poems drops several degrees in translation. Yet what remains is powerful enough and subtle enough to return to the English reader the world and the tradition out of which Ion Caraion's poetry grows.

In the end, we hope that once Caraion's work is added to that common reservoir of poetry in translation, more attempts at translating him will follow and will be completed by studies the magnitude of his work deserves. For now, we shall limit commentary to a few personal notes of a reader who has followed Caraion's work from its beginning.

In 1943, in a Europe plowed by war, with a country under fascist occupation, a young Romanian poet wrote in his debut volume:

> *Once, when I shall be a great poet hired at farms of*
> *images —*

The poem was a sarcastic plan for the future with anger, social satire, sensualism and irony, making an absurd and at once mysteriously cogent collage. The new poet's work was raging, burning with the fever of youth which would reform the world, denouncing the waxworks of his time. The volume entitled *Panopticon* was promptly seized by the fascist censorship, but the prophecy of that verse has come to pass: four decades and twenty books of poetry later, with immense vitality and rare commitment to poetry — despite a long absence and enforced professional isolation through 11 years of imprisonment during the Stalin era — Ion Caraion is today simply that "great poet."

Between the two world wars, the progress of Romanian poetry organized itself under the steady influence of a few poets of great stature and originality — Tudor Arghezi, Lucian Blaga, Ion Barbu, E. Bacovia — experimenters and innovators who gave Romanian poetry a soil and a climate. The magnetic force-field of their influence lessened with the closing of the thirties as a new generation of poets emerged. This was the "wasted generation," as they like to refer to themselves — Dimitrie Stelaru, Maria Banuş, Ion Caraion, Nina Cassian, Ştefan August Doinaş, Geo Dumitrescu, Miron Radu Paraschivescu and others — a generation which came into literary maturity during the worst of times, the war and its aftermath. In very different and extremely original ways, they are all voices of their times. They speak of alienation, of death; they denounce the price of survival. Intense philosophers or exasperated, hurting clowns, they are the children of surrealism who retain from it only the occasional games and an appetite for defiance. In the midst of it and from the start, Ion Caraion stands out as the major voice of his generation.

Called in turn an existentialist and a surrealist, Caraion is, in fact, something of both and at the same time neither one. His work, like a too vast dominion whose boundaries cannot be explored on foot, eludes classification. His poetry is a continuous inquiry into existence and its warp threads are our times; his landscape is often the oneiric surrealist landscape — yet Caraion's methods of work are very original, his universe is personal, and his innovative language gives his poems a mysterious, fascinating force.

Caraion has lived the apocalypse and remembers it; bleeding fragments of that experience still quiver around most of his poems. When memory wavers and pain recedes, he re-kindles it; he gives himself to it with poisoned abandon in a continuous attempt at exorcism. To prolong the crisis and to survive it too, Caraion antagonizes the charms of the traditional, the conventional "poetic," and rummages feverishly through the language, bringing up strident combinations, shocking imagery, and forceful sarcasm. Reading him is often dangerous, the surprises can be violent, the air of his poems is sometimes *dizzy with infernos*: the century at which he so often hurls his anger and despair *takes the shape of a corked bottle* or displays *dirty and mounted breasts* — the rain drops are *large, like silver worms* — *men stretched their arteries in the air/ like useless beautiful signal-bells — the buttons whelp — in the toyboxes of children/ the parents prepare the bullets for a new war* — there are *rains like pornographic overtures* and *in their hidden looks/ ferment all the murders of tomorrow —*.

Just as devastating as Caraion's anger and despair is his tenderness, the brusque revelation of its melodious spell which does not anesthetize the pain of existing, only revives it to be lived in yet one more variation, one more subtlety of shade. The woman's body is like *a wind rose* and loving her he hears *the earth tumbling into miracles — she untwines like a soft hammock in my soul* or he hears *under the earth's peel/ the potato peel dreams*. Rarely, as a supreme favor, he would let us glimpse the fresh, wet landscape of legend he knows, where *mushrooms run ahead of children* and *the evenings / have the quiet walks of kings,* where *it rains amber* and *smiles are lyrical like the swallows of Tokyo,* where

with her cubs after her in the woods,
fall, like a she-bear,
entered through the architecture of light.

Caraion's early work comes out of a period of great fecundity and inventiveness of language, a period of heightened temperature where speech is used as a lancet to drain the abscess. The dark, often cruel, devastating monologue he carries on in *Black Songs* (1947) and in *Man Outlined against the Sky* (1945) has given us poems like *Song from the Occupation Time* and *Memory*. This is the time when he *loves to sing despair and the gigantesque* and loves *the sick flower lying in my flesh*; the time of *Carmen Sæculare*, a long, volcanic poem, frankly and beautifully sexual, with a hypnotic rhythm and a powerful, inventive rhyme scheme. Out of these youthful fevers, out of the dense, vital profusion of language grows Caraion's world of decaying urbanity where existence is anonymous and helpless, where *life is a schizoid wound*, where *youth wipes off with loneliness life's stable* and *stars climb to the heart's window/ and stare into brothels where you shed your soul/in the cyanide-burned pail*; where, in a landscape of war and ruins, a *landscape of biblical parable* the earth is *dried blood* and *at life's limits/ are lying / the men of the dark century / looking at each other / like the knights of the Holy Grail*. But this is also a time of an extraordinary vitality and an exasperated way of loving, of caring.

There is in every word an intelligible, figurative, material part, "the bone of the word," Caraion writes in one of his essays on poetry, "and an immaterial one, unmeasurable, difficult to grasp, hidden — the mystery of the word, its elevated marrow, its spell. Two kinds of speech corresponding to two kinds of forces. An immediate language and a timeless one." It is to this marrow of the word that Caraion retreats in his later work. With the volumes *The One Unknown to the Windows* (1969), *The Mole and Its Kin* (1970), *The Graveyard in the Sky* (1971) and *The Mountains of Bone* (1972), that luxuriant, mad underbrush of his earlier poems thins out; a "de-ornamentation" seems to take place. The pleasure in words appears lost; speech becomes *these little sad inventions: the words*. Turned inward like a knife closing in its own sheath, the flesh and the soul sick with witnessing and existing, he suffers the poem which now seems to come as if against his own will, like short jolts of illness or fever. Torn out of a monolithic silence, the silence of helplessness, Caraion's verse acquires a prophetic ring. A whole range of imagery of refuge, of retreat into self appears and with it a supreme gesture of despair, of self-destruction, which, at the same time, is an attempt at preserving, at protecting one's last reserve of vulnerable, tender humanity: *the earth has eaten its own wells* and *you turn back in yourself/ close yourself in the dead* or *the heart of oracles / twisted / closed deeper.* This is the time when *darkness begets itself.*

Yet in spite of this compactness, of this concentration into "the marrow of the word," Caraion's poetry retains its earlier spaciousness, not only through the amplitude of his images — *the wind/ winced in the vultures of summer* and *the bones of the moon asked about us in the air,* but also because Caraion roams like a bard, like a Meistersinger, a world of vast dimensions. Against a *sunrise of rivers red / with lights and croups of centaurs* he has bizarre and fascinating encounters: Agamemnon carrying his antelopes — Maria Magdalena *with eyes blue like the flax* — Galatea *undressing in tears* — Giordano Bruno — Jocasta — people and crowds — the first men of the universe, *crooked, ugly adamant / innocent of their lacustrine ugliness* — the god of war: *noisy was that god/ his hair like a field of disasters and craters* — poets of all times, Milton and Villon, Virgil and Horace to whom he comes back *like the blood to its brethern.* His poetry returns to us a world enlarged by legend and myth, new and infinite, a world with all its ages lived simultaneously; it frees us of time, it satisfies a thirst for ubiquity; we step out of set patterns and courses. The encounters are by no means miraculous in the sense of marvelous; but are rather a way of extending his own crisis, of keeping wounds open, of verifying the exact depth and shade of pain, of calling witnesses and releasing them again. Of crying out *I extended the world with my pains.*

Caraion's art raises the anonymity of man, its desolation and its fevers to a poignant presence: *The One Unknown to the Windows* is a disfigured and degraded contemporary man plotted against infinity, a man outlined against an adamant sky. Yet he is also a man who re-enters commitment; his core of strength and purity endures. He stands at the bleeding confluence of two aspects of the universe, destruction and genesis: *I know murders are being celebrated somewhere* and *I walk the fields with the chick of the partridge-light in my palms.* Caraion's poetry is a cry for protecting man, for saving him and, in the end, *The One Unknown to the Windows* is the one to whom all the windows look up in hope and *Nobody's Morning* becomes everyone's.

Marguerite Dorian

OAMENII

Fructe ivite in cosmos
unica şi ultima oară.

POEMS

MANKIND

Fruit burst forth into cosmos
for the only and last time.

VIZITE

> Dragostea, muzica, Dumnezeu
> şi alte cîteva mari singurătăţi
> m-alungau şi m-ademeneau spre cetăţi
> prin care mi-am pierdut nopţile. Căci
> viaţa mea a fost mai mult noapte . . .
> (*dintr-un poem pierdut*)

Pe zidurile Ierihonului ierburile crescuseră înalte
ca extazul
nişte lipsă de sînge umple lampadarele de infinit
Li-Tai-Pe coborîse sub apă să ia luna . . .
Byron înfrunzind la Misolonghi
Petöffi cu sîngele leoarcă de steaguri
o liră deshidratată Giordano Bruno pe rug
Dante şi Ovidiu împart absurditatea tiranilor
c-o lingură în formă de templu
Hölderlin şi Nerval îşi schimbă fantomele
vezi, Ezra Pound, America se termină în Italia . . .
Între tîlhărie şi dragoste stă un pahar cu balade
din care
au băut Villon cu Margot

POEMS

VISITS

Love, music, God
and other solitudes
chased me away and lured me to the cities
where I wasted my nights. For
my life has been mostly night —
(*from a lost poem*)

On the walls of Jericho the grass has grown as high
as ecstasy
lack of blood fills the street lamps with infinity
Li-Tai-Po went under the water to pick up the moon . . .
Byron sprouting leaves in Missolonghi
Petöfi's blood drenched with flags
a desiccated lyre Giordano Bruno at the stake
Dante and Ovid dole out absurdity to tyrants
with a spoon temple shaped
Hölderlin and Nerval exchange ghosts
do you see, Ezra Pound, America ends in Italy . . .
Between murder and love stands a cup of ballads
from which
Villon drank with Margot

Şi Milton umbla orb prin paradise
cu mîinile fiicelor lui să culeagă
nemurirea

Sosesc triburi de tenebre şi lacrimi

And Milton walking blind through paradise
to gather by his daughters' hands
immortality

Here come tribes of gloom and tears

LOGOS

Ajung cei ce nu se grăbesc.
Biruie cine ştie s-aştepte.
Mereu e altfel. Cunoaşterea e suferinţă.
Viaţa îşi urmează ei însăşi ca o apă curgătoare.

Ai dormit pe flori sălbatice. Sîngele vîntului picura din copaci.
Şi mă gîndeam la ţărăncile cu coacăze şi vorbe domoale.
Plecăm din noi, din lucruri, din ceţuri şi din şoapte,
ca să împlinească o noimă a cărei aromă ne tulbură.

Am văzut răsărituri şi apusuri de soare, răsărituri şi apusuri de lună.
Totul e unic. Mereu e altfel. Şi cîntau păsări paradoxale . . .

Şi le-am auzit, le-am auzit ! Femei de febră aiurează la pieptul
                                                                 bărbaţilor.
Cunosc paloarea şi nebunia aşa cum îmi cunosc braţele acestea obosite
                                                      de-aduceri aminte.

Viaţa şi-a urmat ei însăşi ca o apă curgătoare.
Osemintele lunii întreabă de noi prin văzduh.
Erau anotimpuri ciudate . . . Oamenii putrezeau de vii.
O gură s-a aplecat să bea apă din noapte.
Şi din clipa aceea ai aşteptat sfîrşitul ca pe-o ademenire . . .

POEMS

LOGOS

These who don't hurry get there.
He who waits, wins.
It is always otherwise. Knowledge is pain.
Life follows its own self like flowing water.

You slept on wild flowers. The wind's blood dripped from trees.
And I thought of the peasant women with blueberries and soft speech.
We're leaving our self, the things, the fogs and the whispers
to fulfill an end whose fragrance troubles us.

I have seen sunrises and sunsets, moons rising and setting.
Everything is unique. Always is different. And paradoxical birds were
singing . . .
And I heard them, I heard them! Women of fever raving at the breast of
men.
I know the pallor and the madness as I know my two arms tired of
remembering.

Life has followed its own self like flowing water.
The bones of the moon ask of us in the air.
There were strange seasons . . . People were rotting alive.
A mouth bent to drink water out of the night.
And since that instant I have been waiting for the end like waiting for
temptation . . .

Armonios obosită, vara era pe sfîrşite. Luna ca o iacobină se ridicase
pe genunchii apocalipsului. Nimic nu înfloreşte mai frumos ca un
corolar.

Ţi-au fost dragi păsările, apele şi arborii,
dar n-ai avut nici păsări, nici arbori, nici ape.

Harmoniously tired, the summer was ending. The moon like a Jacobin
                                                                nun rose
on the knees of the apocalypse. Nothing blooms as beautiful as a
                                                                corollary.
You loved the birds, the waters and the trees,
but you didn't have birds, nor trees, nor waters.

PIETRE

Lui Brâncuşi

Ca natura — frumoasă fără să ştie —
dormeau la umbră şi la soare
oasele pămîntului.

POEMS

STONES

To Brâncuşi

Like nature — beautiful without knowing —
in the shade and the sun
sleep the bones of the earth.

TOAST

Pentru cel ce conduce în noapte corăbii şi trenuri
pentru paznicii barajelor împletiţi ca dragonii
pe ritmul şi sevele incendiare ale faptei —
fii liniştit eu nu mă voi clinti de aici
uită-te-n gîndurile noastre : nu le va părăsi nicăieri niciodată nimeni
fiindcă nu se pot părăsi legile firii ;
pentru buzele care vor opri zămislitorii de moarte
pentru miezul de taină şi de pîine pentru artificierii tradiţiei

pentru pămîntul pentru fîntîna pentru bulgării pentru schelele
prin care merge sora făcătorului de oglinzi
pentru cel nestatornic pentru lampa minerului pentru cel neclintit
                                  pentru pilotul
care urcă-n aşteptarea muribunzilor —
fii sigur că nici o neîncredere nu va răni timpul ;
pentru cel ce soseşte la timp acum din pădure
pentru mîna medicului ca un sistem heliotropic
pentru degetele dibuind sfeşnicul surîsul ori steaua ori tîmpla
pentru continuităţile pentru entuziasmul pentru tăcerea pentru
                                  ulcioarele
de certitudine cu care cugetul întîmpină oamenii
pentru frunzele care se trezesc aiurînd lîngă păsări
pentru fulgul de zăpadă pentru veveriţele mai roşii ca vinul

TOAST

To those who lead ships and trains in the night
to the dam keepers like dragons locked
in the rhythm and the incendiary saps of doing —
rest assured I shall not move from here
look into our thoughts: no one anywhere ever would forsake them
for you can't forsake the laws of being;
to the lips that will stop the conceivers of death
to the pith of the secret and of the bread to the artificers of tradition
to the earth to the fountain to the boulders to the ladders
walked by the sister of the mirror-maker
to the fickle one to the miner's lamp to the constant one to the pilot
soaring to await the moribund —
rest assured that time should not be wounded by a single doubt;
to the one who comes out of the woods in time
to the doctor's hand like a heliotropic system
to the fingers groping for the candlestick of smile or the star or the
                                                           brow
to the continuities to the fervor to the silence to the earthenware
of certitude with which mind meets men
to the leaves awakening beside birds raving
to the snowflakes to the squirrels redder than wine

pentru pruncii care odată cu soarele cu aerul cu zăpezile cu ademenirea
se vor revărsa peste zodii —
fii liniştit şi ciocneşte ! De faţă sînt cei ce nu sînt.
Numai că inima lor e împodobită cu vînt
numai că sîngele lor se-ncarcă de glose
iar vocile li se aud de departe
şi prin brazii de la miezul nopţii
trece fluxul unanimelor veghi.

In miezul viscolelor şi al duratei cînd ridici paharul
vocile celor ce nu-s aici
alungă temerile scutură munţii dezmiardă mările deschid legenda
Încrede-te-n voluptăţile lor de departe
străvezii ca o ceaţă ;
pentru unanimele legi ale firii
pentru cei care proorocesc surîsului şi zărilor
şi conduc magneziul jucăriilor esenţiale
pentru ochii care n-au să adoarmă în noaptea aceasta nici o clipă
ca un fular de electroni în despletirile anului nou ca nişte glezne uimite
lîngă buzele lunii lîngă buzele soarelui
toată vremea vom fi împreună —
foişor de spaţii care-adună
în cupa lui toţi strugurii luminii.
Numai că vorbele noastre vor ajunge la ei ca potecile
fantastice acoperindu-i de dragoste şi de transparenţe.

to the newborns who together with the sun with the air with the snows
                              with temptation shall flood the zodiac —
rest assured and clink your glass! Present are also the ones who are not.
It's just that their hearts are graced with wind
it's just that their blood is loaded with glosses
their voices heard from afar
and through the midnight firs
moves the tide of unanimous vigils.

You lift the glass
and in the heart of blizzards and of durations
the voices of those who aren't here
scatter fears shake the mountains caress the seas open the legend.
Trust in their delight
from afar transparent like fog;
to the unanimous laws of being
to those who divine for the smile and the horizons
and who guide the magnesium of essential toys
to the eyes that shall not sleep a wink tonight
like a scarf of electrons in the unfolding of this New Year like stunned
                                                              ankles
near the lips of the moon near the lips of the sun
we shall be together all the time —
tower of space gathering
in its cup
all the grapes of light.
It's just that our words would reach them like fantastic paths
and cover them with love and transparence.

IARNĂ

Înghețară colibele sub nămeți ;
fîntînile-n geruri — afară.
Ninge. Noapte polară.
Prin somn, un taur tulbure-și visează
iarba de-astă primăvară.

WINTER

The huts under the drifts have frozen;
the wells in the frost — outside.
It snows. Polar night.
Through his sleep a bull hazily dreams
his last spring's grass.

CONTINUU NEÎNCETAREA

Rațiunea focului este să ardă
rațiunea apei este să curgă
niciodată nu va fi pace

totdeauna o să existe foc
totdeauna o să existe apă
rațiunea vieții e din muguri și scrum

și chiar dacă ar fi ca-ntr-o zi ele să dispară
tot va apare altă apă tot va apare alt foc
și niciodată nu va fi pace

pentru că focul pentru că apa
pentru că mugurii și scrumul
nu-s făcute să nu fie

și niciodată nu va exista pace.

CONTINUOUSLY THE PERSISTENCE

To burn is the fire's reason
to flow is the water's reason
there will never be peace

fire will always exist
water will always exist
life's reason is buds and cinder

and even if one day they will disappear
still other water will appear, other fire
and there will never be peace

because the fire because the water
because the buds and the cinder
are not made not to be

and peace will never exist.

DESPODOBIRE

Nimeni nu-ţi descoperă nimic, tu singur
descoperi minunile în care poţi crede.
Toate celelalte minuni au murit de o mie de ori
într-o mie de oameni
şi nimeni nu se mai întreabă de ele
decît ca să mintă încă o dată, încă o dată.

Trebuia această oboseală, trebuiau
singurătăţile de acum să mă înconjoare,
să fiu fără fast, să aud
aerul simetric, la fel —
. . . şi să nu pot povesti nimic.

Să aud
focul de puşcă, tristeţea orală
a oraşului
împodobit de două ori în roşu.

Cu ţevele înverzite
de absenţă,
trebuia rana, trebuia vîntul
nelimitat şi cast. Şi lacrima
care nu îngăduie somnul.

DE-ORNAMENTATION

No one discovers anything for you, alone
you discover the miracles you can believe in.
All other miracles have died a thousand times
in a thousand people
and no one wonders about them any longer
but to lie again, and again.

This weariness was needed, needed
these solitudes to surround me,
to be without splendor, to hear
as before the symmetrical air —
. . . not to be able to tell anything.

To hear
the gunfire, the spoken sadness
of the city
twice ornamented in red.

With barrels
stained green by absence,
needed the wound, needed the wind
unlimited and chaste. And the tear
forbidding sleep.

Nu e decît umbra. Sub fluturi
minte alt cer.

Nimeni nu-ţi descoperă nimic, tu singur
întîrzii
între coclitele ierburi cu ţeste şi raci.
O mie de păsări merg fără mag —
şi pe urmă e tăcere, e oboseală,
totdeauna cineva nu pleacă de ajuns.

Nothing but the shadow. Under butterflies
another sky deceives.

No one discovers anything for you, alone
you linger
in the verdigris of grass among skulls and crayfish.
A thousand birds walk without a magus —
and then it is silence, it is weariness,
always there is someone who won't be gone enough.

LITANIE

Doamne, mai bine m-ai fi făcut piatră:
să treacă peste mine cu roțile
şi să mă farme
căruțele toamnei de fum
huruind spre cazarme.

Doamne, mai bine m-ai fi făcut
piatră
ori noapte . . .

LITANY

Lord, better you had made me stone:
with their wheels had they run me down
and crushed me
the autumn carts of smoke
rattling toward barracks.

Lord, better you had made me
stone
or night . . .

FÎNTÎNĂ

Din grădina cu fructe şi păsări aleg adjectivele
din adjective scot fluturi
din fluturi — culori
din culori, pasiuni care se cocoaţă pe căluşei de lemn
din căluşeii de lemn ies retorii şi dansatoarele
din dansatoare coboară substantive în saci, în cîrji, în propoziţiuni
care c-o obsesie, care c-o abstracţie, care c-un pepene
pepenii cad pe jos
şi tot amurgul dintr-o dată, dintr-o dată
se face verbe, adverbe, proverbe
ca o flotă pe mare
ca o flotă pe două mări
plină de sculptori, de pălării şi de civilizaţii
din care morţii scot adjective
din care adjectivele scot o grădină cu fructe şi cu păsări de aluminium
şi asta mă mîhneşte, Horaţiu.

THE WELL

From the garden with fruit and birds I choose the adjectives
out of the adjectives I draw butterflies
out of butterflies — colors
passions that climb on merry-go-round horses
from the wooden horses out come rhetors and dancers
from the dancers step down nouns in bags, in crutches, in prepositions
some with an obsession, some with an abstraction, some with a melon
the melons fall down
and the whole dusk, at once
becomes verbs, adverbs, proverbs
like a fleet at sea
like a fleet at two seas
full of sculptors, of hats, of civilizations
out of which the dead draw adjectives
out of which the adjectives draw a garden with fruit and aluminum
                                                            birds
and this saddens me, Horace.

CÎNTEC DIN TIMPUL OCUPAŢIEI

Ce n-aş da pentru veacul ăsta, numai să se schimbe !
Cît de adîncă mi-ar fi inima, să-i pot ara cu elanuri cîmpia !
Dacă aţi fi simţit vreodată durerile unei armate-n retragere,
n-aţi fi arestat din nici un oraş bucuria.

Ia seama : ăsta e un lucru şi asta-i o trecere.
Arcul din perete conţine o pădure muzicală uitată.
Poetul e plecat la vînătoare cu cîinii,
rătăciţi — ca o cale ferată.

Ce bun lucru : să-ţi dai seama !
În Camera Comunelor s-a discutat despre De Gaulle,
mîine vor veni ziarele interzise din Elveţia,
pe care le vom citi, în timpul bombardamentelor, la subsol.

Aud că e foamete-n Franţa, şi-aud
că Pierre Drieu la Rochelle s-a întors la Paris.
Ce legătură are asta cu Franţa ?

Pe malurile Loarei, mult mai departe — presimt
cerurile care n-au să mai fîlfîie niciodată la geamul închis.

SONG FROM THE OCCUPATION TIME

What I would not give for this century, were it only to change!
How deep would my heart plow its field with life!
Had you ever felt the pains of an army in retreat,
you would not have imprisoned joy in any city.

Careful now: this is a thing and this is a passing.
The bow on the wall contains a musical forest, forgotten.
The poet went hunting with the lost
dogs — like railroad tracks.

What a fine thing to be aware!
In the Commons, they discussed De Gaulle,
tomorrow the banned newspapers shall come from Switzerland.
We'll read them during the bombing, in the cellar.

I hear there's hunger in France, I hear
that Pierre Drieu La Rochelle returned to Paris.
What has this to do with France?

On the borders of the Loire, much farther away — a presentiment
of skies that shall never again flap at the closed window.

Cerurile n-au să mai rîdă . . . De-acuma
inima Franţei adîncă şi bună
va călători clandestin peste graniţi
sub liniştea ucisă de lună.

Se aşteaptă exodul din Nord
cu oameni streini, ieşiţi din păduri.
Paul Eluard n-a mai scris,
două mii de emigranţi au străbătut Oceanul,
din Pirinei se aud focuri de armă şi-au fost executări.

Vă întreb : unde e libertatea pentru care au ars oraşele
şi unde sînt bucuriile, pentru care
copiii noştri carbonizaţi au înmulţit hoiturile războiului ?

Nicăieri n-a durut tăcerea mai negru,
nicăieri n-a fost mai mare singurătatea decît aici.
Ochii vorbesc întunecaţi despre pace,
parcă ar vorbi despre eroii din cărţile lui Sienkiewicz.

Vă-ntreb : unde e libertatea pentru care au ars oraşele ?

Mesageri necunoscuţi au adus veşti din Tunis :
foametea domneşte-n Franţa ; ziarele anunţă :
„Trei ofiţeri germani au fost împuşcaţi la Paris".

Ce lucru bun : să-ţi dai seama !

Vor veni ploi mari să inunde oraşele,
va veni seceta galbenă să usuce grădinile,
vor arde din temelii casele, copacii
printre cari au năvălit armate de oameni străini.
Şi numai inima Franţei ameninţătoare,
numai inima Franţei, adîncă şi bună
va călători clandestin peste graniţi
sub liniştea albă de soare ca nopţile albe de lună.

The skies will laugh no longer . . . From now on
magnanimous, deep, the heart of France
shall travel under cover across the border
under the silence killed by the moon.

An exodus is expected from the North
alien people coming through the woods.
Paul Éluard has stopped his writing,
two thousand emigrants have crossed the Ocean,
from the Pyrenees one hears gunfire, and learns of executions.

I ask you: where is freedom for which the cities have burned
and where are the joys for which
our children, charred, have multiplied the carcasses of war?

Nowhere has silence hurt so darkly
nowhere was loneliness greater than here.
The eyes frowning speak of peace
as if speaking of the heroes in Sienkiewicz's books.

I ask you: where is the freedom for which the cities burned?

Unknown messengers brought news from Tunis:
hunger reigns in France; the newspapers declare:
"*Three German Officers Shot In Paris.*"

What a fine thing: to be aware!

Great rains shall come to flood the cities,
the yellow drought shall come to dry the gardens,
the houses shall burn to the ground, the trees
through which the alien armies have invaded.
Only the menacing heart of France,
only, magnanimous and deep, the heart of France
like the moon-white nights under the sun-white silence
shall travel across the borders under cover.

REMEMBER

Seceta aiura cu păsările întinse pe gard
țara umbla cu gările-nfășurate-n fantome
animale osoase ca degetele bunicilor
duceau de mînă antiistoria —

pămîntul și-a mîncat fîntînile.

REMEMBER

Delirious the drought raved birds stretched on the fence
the country rambled railway stations swathed in ghosts
bony animals like grandparents' fingers
led anti-history by the hand —

the earth had eaten its own wells.

TOTDEAUNA, ÎN MARTIE

Chiar dezrădăcinaţi, însă cu florile
înflorind mai departe, arborii
se uitau de jur împrejur: seculari şi categorici.

Totdeauna în martie,
la-ntrecere cu şuvoaiele, disperînd esenţialitatea,
arborii erau răscolitori.

Ei se sfîrtecau între ei, se-amestecau între ei
ca stihiile,
ca planetele
sau
ca o pungă de linişti enorme
cu timpul din pungă.
Cu timpul desfigurat de nemişcare.

Ba nu: ca nişte electori ai luminii
cotropiţi de neliniştea şi-ntrebările lor.

Şi pe urmă pridideau seminţele.

ALWAYS, IN MARCH

Even uprooted, still their flowers
going on blooming, the trees
looked around: centuries old and adamant.

Always in March,
racing the torrents, driving essentiality to despair,
the trees were overwhelming.

They mauled each other, they mingled
like will-o'-the-wisps,
like planets
or
like a bag of enormous silences
mingling with the time inside the bag.
With time disfigured by immobility.

Better: like some electors of light
invaded by their own restlessness and doubts.

And then the seeds would burst forth.

TÎRZIA DIN ȚARA VÎNTURILOR

Ție ți-au plăcut cîmpurile, vîntul și apele mărilor, și vocile,
pe mine m-au chemat cețurile, și ploaia, și păsările munților
                                                      singuratice.
Pentru elanurile tale-au dănțuit pajiști de jar la răsărituri sălbatice,
pentru mine-au tăcut rocile.

Vorbim vorbe vechi, ne temem unii de alții, dar nu mai vin
nicăiri (ca-n dimineața-n care a intrat o fată cu trandafiri roșii)
nici Iisusul din pragul amurgului, care săruta straniu leproșii,
nici Magdalenele brune cu ochii poate ca floarea de in.

O ! cînd erai mai mică decît măceșii cîmpului și te-ascundeai prin
                                                      blănile de lup,
cu părul ca o flacără neagră, îmbătător de nefiresc,
fără ca măcar să-mi închipui c-am să ajung vreodată să te iubesc,
te-am desenat ca olarii, cu paiul de secară, mirată, pe-un chiup.

Mai tîrziu, mai tîrziu, după ce nenumărate ne fură potecile-n lume,
după ce schimbătoarele fețe de oameni coșmarurile de chipurile
                                                      noastre și-au ancorat,
singurătatea s-a-ndrăgostit de fiecare ca de-un continent scufundat,
dar dedesubt nu mai locuia nimeni și — cenușii — anotimpurile
                                                      atîrnau ca niște gume.

SHE WHO TARRIES IN THE LAND OF WINDS

You liked the fields, wind, and waters of the seas, and the voices;
I was called by the fog, by rain and lonely birds of the mountains.
For your eagerness meadows of embers danced at savage dawns,
for me the rocks hushed.

We speak old words, each fears the other, but they come no more
nowhere (as the morning a girl entered with roses)
neither the Jesus from the threshold of dusk who strangely kissed the
lepers,
nor the dark Magdalens with eyes perhaps blue like flax.

Oh, when you were smaller than the sweet briar of the field, hiding in
the wolf pelts,
with hair like a black flame, unreal, inebriant,
without ever thinking that one day I shall love you
I drew you, with a potter's rye-straw, astonished, on a jug.

Later on, later on, after our paths through the world were countless,
when the changing faces of men anchored their nightmares on our
faces,
loneliness fell in love with us both, as if with a sunken continent
but uninhabited beneath — ash-gray — the seasons hung like rubber.

Pe urmă, pe urmă, cînd depărtările s-au făcut ireale, undeva între
                    răsăriturile și apusurile oamenilor, sus,
ne-așteptau reculegerile ca pe niște numismați tîrzii.
Toți plecăm în cîte o moarte, călătorind cu cîteva bucurii
ori cu cîteva uitări despăturite peste leneșul desen larg al spațiilor de
                    nespus.

De-atunci, o ! de cîte ori nu te-am căutat, de cîte ori nu mi s-a părut
că te despletești prin sufletul meu ca un hamac moale
către somnul din adormita gata, ca-n basm, să se scoale
cu zîmbetul în brațe ca o cîntare a cîntărilor la zgîrietura-ntinerită pe
                    scut.

De-atunci trupul tău ca o roză a vînturilor,
care se-ntorcea-n fiecare noapte din cîte un cîntec de dragoste cald,
l-am ascultat fărîmîndu-se sub pelerinele de herald
din rostogolirea spre minuni a pămînturilor.

Și sîngele tău ca un havuz,
la care poposisem ori de cîte ori mi-era sete
(o melodică zăpadă-a mieilor !) — de-atunci s-o fi prăbușit mătăsos
                    din perete
peste obrajii mei uzi.

Tulburătoarele tale îmbrățișări mi-au amintit în tranșee poeții,
în nestatorniciile cărora privirile ți se luau cu văzduhul la trîntă.
Și multă vreme n-am mai găsit smerenia cu care zadarnic se cîntă
stăruitoarea laudă-a frumuseții.

Pe nesimțite ne-au acoperit frunzele și ne-au năpădit așchiile pietrelor
                    fîntînii,
unde cîndva țîrîiau lăcustele ori dormea șarpele.
Din miresmele aurului, prăfoase, harpele
au luat rînd pe rînd drumul nemărginirilor în care li se investmîntaseră,
                    odinioară, stăpînii.

O scamă stelară, o dantelă de clopoței vaporoși
zboară peste neterminatele depărtărilor cuvinte

Still later, later, when distances became unreal, somewhere up between
                                   men's sunset and sunrise
regatherings awaited us like tardy numismatists.
We all leave by one death or another, travel with a few joys
and oblivion spread over the wide indolent web of spaces beyond
                                                            words.

Since then o! how many times did I not search for you, how many
                                   times did it not seem to me
that like a soft hammock you untwine through my soul
toward the sleep of the waiting beauty of the legend who smiling
awakens like a song of songs at the scratch revived on the shield.

Your body like a compass rose, which would
come back each night from a warm love-song, since then,
I heard it crumble under the herald cloaks
in the tumbling of the worlds toward miracles.

And your blood like a high fountain,
where I paused when I was thirsty
(oh, melodic snow of the lambs!) — toppled since then silken from the
                                                            wall
on my wet cheeks.

Your perturbing embraces recalled the poets to me in the trenches,
in their flux, your glances grappled with the void.
And for a long time I did not find the piety to sing in vain
the unfaltering praise of beauty.

Insensibly we were shrouded in leaves, buried by stone chips
from the fountain where once the locust chirped and the snake slept.
The harps, dusty, one after the other from perfumes of gold
took infinitude's road which once their masters wore.

Star lint, lace of diaphanous little bells
soars above the far-offness words unfinished

şi-ţi cuprind părul împrăştiat aidoma luminii pe colibele unui trib de
eschimoşi,
iubita mea ca o efigie ştearsă de-atîtea aduceri aminte.

and I hold close your hair spread like the light on Eskimo huts,
my darling like an effigy effaced by so many rememberings.

ÎNVĂLUITORUL ECOU

O femeie a trecut prin parc şi a rîs.
Cu cercul, cu zmeul, cu praştia,
copiii alergau prin cer.
O femeie a trecut prin parc şi cînta.

Toamna aceea a fost ca un strugure.

THE ENVELOPING ECHO

A woman crossed the park and laughed.
With hoop, with kite, with sling,
the children ran about the sky.
A woman crossed the park and sang.

That fall was like a bunch of grapes.

LA LUMINA CRENGILOR DE-AFARĂ

Plesnind de propria lor înţelepciune, se deschideau păstăile.
Frunza cădea năucă, ostenind aerul.
O pasăre se zbătu peste frăgar.
Ca un Sfîntu-Gheorghe la circ toamna,
întors din viitorul trupului meu,
desenam nevăzutul.
Zilele loveau într-o tăcere ca perna.
Potcovar îngrijitor de focuri,
mă uitam la munte ca-ntr-o catedrală
cu candelabre albe de larice,
sub care-a stat plîngînd Euridice.

După miezul nopţii, cînd filozofează clovnii,
mă uit în munte.

POEMS

BY THE LIGHT OF THE BRANCHES OUTSIDE

Bursting with their own wisdom, the pods were opening.
The leaf was falling, befuddled, tiring the air.
A bird thrashed above the mulberry tree.
Like a Saint Gheorghe at the circus, in autumn,
returned from the future of my body,
I was drawing the unseen.
The days were pounding into silence like a pillow.
Blacksmith and tender of the fire,
I look at the mountain, cathedral
with white candelabra of larch,
under which sat Eurydice, crying.

After midnight, when the clowns philosophize,
I look into the mountain.

CÎNTEC DE PACE

C-o simplă floare, inima desparte
în două lumea.

POEMS

PEACE SONG

With a simple flower, the heart divides
in two the world.

MĂTASE MĂRUNTĂ

Am fost prieten cu toate singurătăţile.
Am aprins lămpi în rătăcitori.
Seara beam un ceai sau nici atît.
S-au subţiat cărări în trecuturi —
şi iată uitarea.

Totul e cum a mai fost :
lucruri cărora nu le pot da nume.
Fată cu basmele-n păr,
să nu ne mai aducem aminte.

Toamna plecau circurile.
Baba vindea maghiran pentru noi.
Prielnic întuneric dughenelor cu cămătari,
vîntul mai face tumbe şi fluturi.

Cîndva mi-arătai o veveriţă cît un cartof
şi ne destrămam în voia nălucii.
Oamenii ştiu ceva ce mie nu-mi spun.
Ce-o mai fi făcînd apa în care-ţi scuturai brumele ?

Prin ierburi şi moine,
cenuşile şi-amestecă sfinţii.

BITS OF SILK

I was friends with all the solitudes.
I lit up lamps in wanderers.
Evenings I drank some tea, or not even that.
Paths into the past have narrowed —
and here's oblivion.

All is as once was:
things which I cannot give a name.
Girl with fairy tales in your hair,
let's give up remembering.

In fall the circuses would leave.
The old woman sold marjoram to us.
Darkness favorable to pawnshops,
still the wind makes somersaults and butterflies.

Once you were showing me a squirrel big as a potato
and we unwove at the figment's whim.
People know something they are not telling me.
How's the water into which you shook your hoary glooms?

Through grass and wet seasons,
the ashes mingle their saints.

Seara venea ca un cîine din munţi,
să ne lingă mîinile calde.

Tot îmi mai eşti dragă şi tot
mai aud şarpele lunii prin ziduri.
O ! De-am fi rămas numai în închipuire
ca luptele din panoplii . . .

Viaţa e totdeauna aşa cum nu trebuie să fie viaţa.

The evening came like a dog from the mountain,
to lick your warm hands.

Still you are my love and still
I hear the moon snake through the walls.
Oh! If we had stayed in fancy only
like the wars on panoplies . . .

Life was always as life should not be.

MÎINE VINE TRECUTUL

Pentru mine nu mai e nimic tîrziu. Totul e tîrziu.
Sîngele umblă ca un metrou prin capitale.
Şi trecutul   e   peste tot   ca sîngele.
         În răsăritul rîurilor roşii
de fulgere   şi crupe   de centauri
era un fel de lumină — eu nu ştiu ce fel de lumină era.

        În ceaţă, multe lucruri sînt clare.

TOMORROW THE PAST COMES

No longer for me is there anything late. All is late.
The blood runs like a subway through capitals.
And the past   is   everywhere   like the blood.
          In the sunrise of the rivers red
with lightning   and croups   of centaurs
there was a kind of light — I don't know what kind of light that was.

In the fog much becomes clear.

SOMN

Frunză,
frunză,
te suflă vîntul,
te bate ploaia ;
trează doar pentr-o clipă
dintr-un somn lung —
pici,
putrezeşti . . .

Toate lucrurile cad
în oboseli şi poveşti.

POEMS

SLEEP

Leaf,
leaf,
the wind blows you,
the rain beats you;
awake only
for an instant
from a long sleep —
you drop,
you rot . . .

All things fall
into weariness and tales.

TRISTIA

Vin prea tîrziu bucuriile calde
ca, de pe mări, naufragiaţii uitaţi . . .
Prietene, scrisorile noastre
se vor naşte a doua oară în alţi oameni,
în alte anotimpuri, otrăvuri
otrăvuri în alte solstiţii —
la zenit şi-n nadir
ca fuga apelor după uscat,
ca permanenta vocaţie de dragoste
(la zenit şi-n nadir)
a frumuseţii morţii-n destrămare,
a pietrelor albind sub ochiul oceanului
la fel nereflectînd niciodată
— sub albatroşii care dezmint pe Odiseu
— sub corăbiile înecînd litoral degradat
— sub izvoarele pierite-n desfrîul pădurii.

Odihnitor, pretutindeni —
închide-te, inimă, cum
sufletul morţilor se-neacă de somn.

Femeile oraşului tînăr
s-au îmbătat, au cîntat dezvelite

TRISTIA

The warm joys come too late
like the forgotten shipwrecked, back from the seas . . .
Friend, our letters
will be born a second time in other people,
other seasons, poisons
poisons in other solstices —
at zenith and nadir
like the flight of waters after dry land,
like the permanent vocation to love
(at zenith and nadir)
the beauty of death by dissolution,
the bleaching of stones under the eye of the ocean
it too never mirroring
— under the albatrosses disclaiming Odysseus
— under the boats flooding degraded shores
— under the springs lost in the debauchery of the forest.

Restful, everywhere —
close up, heart as
the soul of the dead chokes with sleep.

The women of the young town drank
too much and sang disrobed

despre dragostea unui ţărm ridicat
apele spun
spun păsările migratoare :
„aḿ murit . . . am murit . . .“

Navigatorii duşi la oracol
gleznele duse la umăr
aerul curgea cu rodul rărit
din nisip înspre fluviu
din zenit la nadir
şi-şi aruncau văzduhurile fruntea
despletită pe fluviu: „am murit . . . am murit . . .“

Pretutindeni —
cînd vei simţi că, din toate, numai cărţile
ţi-au mai rămas credincioase ;
că, de lîngă potecile înduioşării picate,
la margini de sunet picate,
tu — pentru totdeauna — n-ai să mai baţi
din nici o singurătate la geamuri,
să te gîndeşti la frunzişurile roşii
aţîţate, ca şerpii, prin tine să ardă ;
să te gîndeşti la iepurii putreziţi în artere . . .

Închide-te, inimă-n tine
fără turn, fără semne,
— şi tu, brad, creşti în ochiul
ameţit de inferne !

Tărîm nelumesc, — pe cer arde
cu mare întuneric arde iubitul din turn.
Călătorii nu înţeleg, călătorii nu ştiu,
dimineţile au trîntit uşile,
luna se sparge de dig.
— Întoarce-te, iubitule, întoarce-te,
la bal e tîrziu.

the love of a high shore
the waters say
say the migratory birds:
"I have died . . . I have died . . ."

The navigators gone to oracle
ankles flexed upon shoulders
the air pouring like fruition rarefied
from the sand the river
from zenith to nadir
and the skies flung their disheveled forehead
upon the river: "I have died . . . I have died . . ."

Everywhere —
when you shall feel that, out of all, only the books
remain loyal to you;
that at the lost paths of tender feeling,
lost at margins of sound,
you — forever — shall not tap
from any loneliness on windows,
think of the red leaves
incited, to burn through you like snakes;
think of the hares rotting in arteries . . .

Heart, close yourself
without tower, without signs,
— and you, spruce, grow in the eye
dizzied with infernos!

Unearthly realm — in the sky burns
with great darkness burns the beloved of the tower.
The travelers don't grasp, the travelers don't know
the mornings have slammed the doors,
the moon breaks on the jetty.
— Come back, beloved, come back,
it is late at the ball.

Pretutindeni — neliniştit,
ieşi, sînge-n oblînc.
. . . .
. . . .
Dar inima, ghem de oracole,
răsucită —
s-a-nchis mai adînc.

Everywhere — restless,
come out, blood in the pommel
. . . .
. . . .
But the heart, twisted,
cluster of oracles —
closed deeper.

MEMORIE

Era război şi lepră, oamenii mureau în burg
schimonosiţi, îngrozitori
ca nişte vase negre cu flori
coclite-n amurg, pe fundul apelor.

Domnii mei, domnii mei
n-am să termin niciodată de scris —
circul meu suferă de promiscuitate dirijată
— era război şi lepră —
fiecare cal a trebuit să se nască încă o dată,
pentru că în ordinul de serviciu a strecurat cineva explicaţia „bis".

Noi aveam pactele noastre încheiate cu artificii şi compromisuri
noi ştiam să respectăm fiecare borcan din menajerie
şi pentru fiecare tinichigerie
am declinat cîteva porţii de demnitate naţională şi cîteva noi . . .
                                        paradisuri.

Opriţi-vă ! Trăim momente de reculegere mare.
Clipele acestea nu se uită . . . păstrate în formol sau în lapte de var,
aici şi acum nici un sistem agrar
nu trebuie să le ignore.

MEMORY

It was war and leprosy, men dying in the town
contorted, hideous
black vases of flowers
verdigrised at dusk, in the waters' depths.

Gentlemen, gentlemen,
I'll never get done writing —
my circus suffers from directed promiscuity
— it was war and leprosy —
every horse had to be born a second time,
since someone had slipped into the levy the explanation : "encore."

Our pacts were being closed with artifices and compromises,
we knew to respect every jar in the exhibition
and for every junkshop
we reckoned out several portions of national dignity and a few new
                                                    . . . utopias.

Everybody stop! We're living moments of great solemnity.
One can't forget such moments . . . preserved in formalin or lime,
here and now, no agrarian system
should ignore them.

„Guvernul duce grijă de toate şi are preocupări", ştiţi fiecare !

Ţineam la veacul acela cu energii şi maşină
şi-am spus :
altfel ţinuta noastră nu-i decît o minge ricoşată.
Fiecare cal trebuie să se nască încă o dată,
nasturii s-au puit, luna motorizată a expirat miros de benzină.

N-am să termin niciodată de scris . . .

Oamenii şi-au întins arterele în aer
ca nişte sonerii frumoase, inutile
pe urmă au aşteptat 40 de zile
dar profetul nu mai avea mistere şi murise.

L-am pipăit curios ca pe un ren :
putrezea liniştit între cocori
fusese ultimul bogat din muzeul acela
învîrtit pe loc de cîteva ori.

Domnii mei, vă invit la această descongestionare de gripă
şi vă ofer zăcătorile mele de apă fiartă în imobilitatea maselor
pe care nu mi le mai pot imagina ridicate în capul oaselor
vis-à-vis de puşca mitralieră — această disperată femeie care-şi gîtuie
                                        copiii pe cîmpuri şi ţipă.

Vă invit la masa de unde n-o să puteţi mînca nimic
pentru că toate cadavrele au intrat în putrefacţie,
unde translatorii nu mai au ce căuta ; iar ultima noastră reacţie
rămîne netezirea acestui pîntec, desproprietărit parţial de buric.

Mai ţin la veacu-acela-n orice caz
cu sînii lui împăiaţi murdar
unde profetul scos din galantar
putrezea liniştit ca o lampă de gaz.

The government sees to everything and is preoccupied, as you all
$$\text{know!}$$

I was fond of that century with energy and machine,
and I said:
if not, what we hold is just a caroming ball.
Every horse had to be born a second time,
the buttons whelped, the motorized moon gave off the smell of
$$\text{gasoline.}$$

I'll never get done writing . . .

Men stretched their arteries in the air
like beautiful, useless signal-bells
and then waited for 40 days
but the prophet had run out of miracles and died.

I felt for him, odd like a reindeer:
rotting quietly among cranes
he had been the last rich man in that museum
turned several times in place.

I am inviting you, gentlemen, to this break-up of the flu
and offer you my vats of water boiled into the immobility of the masses
whom I no longer can imagine sitting up
facing the machine gun — that desperate woman strangling her
$$\text{children in the fields and screaming.}$$

I invite you to the banquet where you can't eat a thing
because all the corpses have begun to rot,
where translators no longer have work; and our remaining reaction
is to smoothe down this belly partially dispossessed of its navel.

I am at any rate still fond of that century
with its dirty stuffed and mounted breasts,
where the prophet, removed from the window display,
was, like a gas lamp, quietly rotting.

Ce curios e hoitul în amurg !
Copiii-ntinşi pe saci în bătătură
mîncau gunoaie, cînd se ştergeau la gură —
era război şi lepră, oamenii mureau în burg.

How curious is the carcass in the dusk!
The children stretched out on bags in the yard
were eating garbage and wiping their mouths —
it was war and leprosy, and men were dying in the town.

LA MAREA PUTREDĂ

Vă vom chinui, vă vom ucide şi vom rîde
pe urmă vom fi ucişi şi se va rîde
sîntem destul de bătrîni şi de vicleni
să nu ne pese
totul e adevăr, chiar şi minciuna
totul e minciună, chiar şi adevărul —
întunericul se face singur.

POEMS

AT THE ROTTEN SEA

We shall torture you, we shall kill you and we shall laugh
then we will be killed and others will laugh
we are old enough and shrewd enough
not to care
everything is truth, even the lie
everything is lie, even truth —
darkness begets itself.

CONFESIUNE

Sub coaja pămîntului
visează coaja cartofului.
Timpul trece ca un om cu iaurt.
M-am întîlnit de multe ori cu moartea :
i-aduceau rudele bani, ca să-și cumpere haine.
Printre pietre, cald și izbucnit,
omul caută civilizații.

M-am întîlnit de multe ori cu omul . . .

CONFESSION

Under the earth's peel
the potato peel dreams.
Time passes like the yogurt vendor.
I have met Death many times:
relatives were bringing her money to buy herself clothes.
Warm and erupted, among stones
man searches for civilizations.

I have met man many times . . .

HIPOCAMP ARHAIC

Soarta-i ca un obraz
pe după
rufele-ntinse la uscat
o fată cu ochii palizi
între vaci şi cămăşi
pe cerul din iarbă
citeşte
pe
Tolstoi
mirarea lichidă a dimineţii s-a rupt
greierii din război şi pace
săr prin sufletul putrezit dedesubt
intră cîmpul în mine cu conopidele şi nucii
lucrurile se deschid şi setea intră în gura lor
spaţiul intră în întîmplări plecate

ARCHAIC HIPPOCAMP

Fate is like a face
behind
the wash hung up to dry
a girl with pale eyes
among cows and shirts
on the sky in the grass
reads
from
Tolstoi
the morning's liquid wonder broke
the crickets out of war and peace
jump through the soul rotten underneath
the field with cauliflowers and walnut trees enters me
things open and thirst enters their mouth
space enters vanished happenings

ION CARAION

ZĂPADA CARE NU NINGE NICIODATĂ

Sînt dimineţi de vară ireale
şi sînt condamnări la moarte dimineaţa
la fel de glorioase şi de mîrşave
ca pecinginea de pe mădularele noastre
ca părul iubitei înnebunind în oglindă ;
sînt voci limpezi, amintind
creşterea muzicală din ochii muribunzilor,
mesele de operaţii, dulăii
care cotrobăie prin piaţa de legume ;
sînt dimineţi cumplite, umilitoare, cînd
felia de cauciuc uitată în dantura vaporului
echipamentul de vînătoare uitat în geamantanul aurorei
voiajează prin toţi pereţii camerei
anunţă
prin toate lucrurile,
ca o fîntînă arteziană anunţă, ieşită prin faţa de masă,
ca un iepure anunţă, roşu în telegrafia cîmpului
— profilul sonor dintr-o bătaie la geam.

Oglinda aceasta, aburul, mîna
e un sîn, e un coif, e un popă
o nucă de cocos, o surlă,
rochia de mătase prin care ţi se vede plămînul întors cu ciocul în sus,

80

THE SNOW THAT NEVER SNOWS

There are unreal summer mornings
and in the morning death sentences
at once glorious and vile
like the scurf on our limbs
like the sweetheart's hair crazing in the mirror;
there are clear voices, recalling
the melodic rising in the eyes of the dying,
the operating tables, the dogs
rummaging through the vegetable market;
there are ghastly, humiliating mornings, when
the slice of rubber forgotten in the ship's denture
the hunting gear overlooked in the dawn's luggage
travel within all the room's walls
announce
through all things,
as an artesian well, out of the table cloth, announces,
as a rabbit, red in the field's telegraphy, announces
— the sounding profile of a knock at the window.

The mirror, the haze, the hand
is a breast, a helmet, a priest,
coconut, trumpet,
the silk dress through which I can see your lung, its beak side up,

e foca din arma vînătorilor laponi
chinuindu-se (toamnele de la munte înalte, toamnele reci !)
aşijderi sîngelui chinuindu-se, din ochii ascuţiţi ai jderului:
fantasticul sînge al defrişatelor păduri
care ţîşneşte
strivit şi calcaros gîlgîie, ţîşneşte
sîngele greoilor masivi
alunecînd, alunecînd
în adîncul morenelor, tîrîndu-se
îngrozitor, feroce
aşa cum se tîrăsc satele în mers,
aşa cum se tîrăsc
hoardele
unele către altele, într-o nemaipomenită dragoste terestră.

Îngerul din grîu înverzeşte numai o dată,
ciulinii numai o dată,
— inutil, inutil : pîntecul mamutului nu mai dă rod.

Acolo — viaţa ucide şi acuză,
acolo e o umezeală extraordinară,
e o noapte cum nici un muritor n-a mai ştiut vreodată,
acolo vîntul nu e simplu şi cînd bate
vîntul numai ca să aducă întuneric bate.
Pe copiii pămîntului îi ia urîtul de mînă,
nu-i aşteaptă lumina
de mercur, la nici o fîntînă.

Acolo ţinutul e sterp, e aspru
bălţile sug înăuntru
anotimpul înăuntru
în singur, înăuntru, în brut
acolo, înăuntru
din tot ce-au crezut profeţii nu s-a adeverit nimic niciodată
acolo
cineva umblă prin ţară nebun, cineva plînge.

Inimă, inimă, să nu te duci — inimă !

is the fur seal in the Lapland hunters' weapon
struggling (the tall mountain autumns, the cold autumns!)
like the blood in the marten's keen eyes struggling:
fantastical blood of the cleared forests
which spurts
crushed and calcareous gurgles, spurts
blood of the heavy massifs
sliding, sliding
in the depth of the moraines,
crawling
dire, ferocious
the way villages drag themselves marching
the way hordes
drag themselves
toward one another in an unheard-of terrestrial love.

The angel in the wheat greens only once,
the thistles once,
— worthless, worthless: the mammoth's belly won't bear fruit again.

There — life kills and accuses,
there a terrible dampness,
a night no mortal has ever known,
there the wind is not simple and when it blows
blows only to bring darkness.
The evil leads the children of the earth by the hand,
mercury light waits for them
at no well.

There the realm is barren, is harsh
the ponds suck in
the season in
in alone, in crude
there, inside
nothing the prophets believed in ever came to pass
there
someone walks through the country mad, someone weeps.

Heart, heart, don't go — heart!

Cine iese din munte, e mort ; îl apucă somnul pe drum.
Cine iese din munte niciodată n-a mai venit . . .
şi-n coarnele vitelor încolţeşte grîul de jertfă
şi jertfele fumegă
şi clima arde
şi preoţii se fac înalţi ca ploaia.

Să nu te duci, inimă ! Să nu te duci, inimă !
Arşiţa fuge cu ţîţa zbîrcită,
pe deasupra adevărului.

Acolo,
topit, mort
fără sînge şi pleoape,
fără cergă şi imnuri
o pasăre oarbă se-nchină
la lună, şi putrezeşte sub ape.

Laptele casei satură corbii,
liliecii şi orbii.

Ca să-şi umple ochii cu minune,
Narcis s-a întîlnit cu regii.
Spiritul ploii mi-a trimis argile şi guşteri ;
iată — ca să vă umplu lucrurile de bucurie
am aruncat podul îndoielilor
pentru îngerii tîrzii.

În sus, în jos
cizmele negre.
În sus, în jos
cizmele negre.

Iată — de aceea am să vă spun
despre spiritul ploii
despre oamenii dintîi
despre bărbaţii
leali, statornici, decişi
neîncumetaţi în viclenie, dar

Who leaves the mountain is dead; sleep overcomes him on the road.
Who leaves the mountain has never returned . . .
. . . and in the cattle's horns sprouts the sacrificial wheat
and the offerings smoke
and the climate burns
and the priests grow tall as the rain.

Don't you go, heart, don't go!
The drought flees with dry teat
across truth.

There,
melted, dead
without blood and eyelids,
without quilt and hymns
a blind bird bows down
to the moon, and rots under waters.

The milk of the house sates the ravens
the bats and the blind.

To fill his eyes with miracle,
Narcissus met with the kings.
The spirit of the rains sent me clay and toads;
see — to fill your things with joy,
I lowered the bridge of doubts
for tardy angels.

Up and down
the black boots.
Up and down
the black boots.

See — this is why I am going to tell you
of the spirit of the rains
of the first humans
of the males
loyal, constant, determined

dar aprigi în micşoraţii ochi, ai lor, de vidre
şi simpli, generoşi, puternici
însă
neştiutori să-şi învingă pasiunea.

Piatra din ziduri, smochinul din cîmp (avea Ali un cîine pătat !),
vaporul rămas pe fundul mării, brumele abundente, ţarina, străzile
— trăiesc aceeaşi singurătate şi-acelaşi orgoliu cu degetul în care
sînt zgîrieturile copilăriei, cu sîngele în care se răzbună totdeauna
morţii şi noi ne luptăm cu ei (azima lor abureşte în cîntecul de
leagăn : dormi — nani ! nani !), cu masca de cîlţi a morţilor noi ne
luptăm, cu obrazul care mai conţine rar altceva decît gimnastica
adaptării la mediu.

Dormi — nani ! nani !
În sus, în jos
cizmele negre.
(Avea Ali un cîine pătat . . .
                                    şi
                                    nu
                                    l-a
                                    mai a v u t . . .)
Tînăr ca o aducere aminte
                şi frumos
                        ca
                        o uitare ;
negru cum e trecerea eschimosului pe obrajii
                                                de
                                                morsă
                ai Antarcticei ;
tern, aşijderea soarelui care se împuşcă
        prin ochii mamelor topite în grîu,
                lîngă prunci ;
sălbatec solar şi definitiv
        ca tot ce nu se mai poate
        trăi încă o dată —
mi-s dragi întotdeauna oamenii despre care ştiu că vor pleca într-o zi,
        oamenii care vor duce mesaje şi-şi vor sfîşia inima,

fierce in their squinting otter eyes,
and simple, generous, strong
but
unable to curb their passion.

The stone in the walls, the fig tree in the field (Ali had a motley dog!),
the ship at the bottom of the sea, the abundant fog, the earth, the
streets — they live the same loneliness and the same pride with the
finger in which are the childhood scratches, with the blood in which
the dead are always taking revenge and we fight with them (their
bread steams in the lullaby: sleep — hush! hush!), with the fuzzy
mask of the dead we fight, with the face which rarely contains some-
thing other than the gymnastics of adjustment to milieu.

Sleep — hush! hush!
Up and down
the black boots.
(Ali had a motley dog . . .
                    and
                    did
                    not
                    have it anymore . . .)
Young like a memory
          and beautiful
               like
                    forgetting;

black like the passage of the Eskimo across the
                              walrus face
                    of Antarctica;
colorless, like the sun which shoots
          through the eyes of the mothers melting in the wheat,
               near their babies;
wild, solar and definitive
like all that cannot be
lived a second time —
I love always the people I know would one day leave
     the people who will carry messages and will tear their
     heart,

dar mi-s dragi şi oamenii care nu vor pleca niciodată,
fiindcă ei seamănă cu elementele.

Ceea ce nu se dărîmă
e vigoarea şi nobleţea lor amplă
de huidume, de masivi, de coloşi ai începutului.

(Saloanele în care ard obrajii şi dorm palmele încărcate de cer de
fîntînă, de flori de liliac şi de viori — unde fiecare perdea şi fiecare
voce, fiecare seară cu fiecare lumină aduc dragostea . . . s-au făcut
primăvară în mine.)

Semăn cu iarba — călcaţi-mă !
Semăn cu soarele — încălziţi-vă !
Semăn cu aerul — beţi-mă !
Semăn cu focul — iubiţi-vă !

Această zăpadă care nu ninge niciodată
aceste cuiburi fără fruct, fără sîn
arcul nu-l mai recunosc, inima mea nu mi-o mai recunosc
spuneţi :
    a fost un tînăr cu pupilă de os
    plictisit, fugărit,
    întîmplător călătorea prin această zăpadă
    care nu ninge niciodată
    întîmplător
    şi pe fiecare trup, de fiecare nuntă, cîte-un şarpe bătrîn
    aducea cu dînsul : hoit bălos.
    Inima-l durea, suită ca să fîlfîie în gard — inima-l durea,
    grădini de vocale uneori
    veneau în şanţ, picînd de somn.

Erau în oraşe . . . erau femei culcate . . .
iubitele lor erau, ale celor mai tineri,
saloanele au strîns zăpada care nu ninsese niciodată
— ce lacome-au strîns-o !
Un festival electric începea.

but I love too the people who will never leave,
because they are like the elements.

What does not collapse
is their vigor, and ample nobility
of titans, of massifs, of colossi of the beginning.

(The living rooms where faces burn and the palms of the hand loaded
with fountain's sky, lilac blooms and violins — where every curtain
and every voice, every evening with every light brings love . . . have
become spring inside me.)

I resemble grass — step on me!
I resemble the sun — warm yourselves!
I resemble the air — drink me!
I resemble the fire — love each other!

This snow which never snows
these nests without fruit, without breast
the arch I no longer recognize nor my own heart —
tell it:
    there was a young man with a pupil of bone
    bored, hunted,
    by chance he traveled through this snow
    which never snows
    by chance
    and on each body, at every wedding, an old snake
    he brought along with him: slimy corpse.
    His heart was hurting, perched to flutter on the fence — his heart was
                                                                    hurting,
    gardens of vowels
    came into the trench, nodding with sleep.

There were, in cities . . . there were women lying down . . .
the lovers of the younger men
the living rooms have gathered the snow which never snowed
— how avidly they gathered it!
An electric festival began.

Şi-au scos mîinile din buzunarele bărbaţilor, iubitele lor
şi-au scos inimile,
cîntau în zdrenţe prin odăi, cîntau în cor
şi-au făcut semne — şi s-a făcut lună, şi s-au făcut stele
şi pe podul îndoielilor pentru îngerii tîrzii
au trecut nălucile, Lazării.

De-atunci balcoanele miros a toamnă
au gît frumos şi cască-n tîrg
nămiezile cu ugeri mari.

Iată, despre spiritul ploii vreau să vă vorbesc despre regii vegetali care
        înviază în ele
într-o barbarie sonoră, covîrşitoare, acerbă.

O, ploile acestea cît nişte continente
ploile de pe oceane, ploile din jurnalul unui disperat reactiv,
            dintr-o pretutindene a lui,
            dintr-o gară
ploile de pe coasta de argint a metaforei, din spicul ovăzului,
ploile marilor rătăcitori, ploile amanţilor —
        tropicale, temperate
ploile ultimelor ferme americane
ploile munţilor fără cabane
ploile mate
            cu-o prevestire seamănă.

În privirile lor ţinute ascuns
fermentează toate asasinatele de mîine, toată mitologia fecundaţiei,
        toate revoluţiile lumii,
        brutale, neînduplecate,
căci nimeni nu poate să-nduplece intenţiile categorice ale ploilor
        (precît de unic e
            cît de ciudat e
            ce bine e
            că ploile au calităţi criminale !) ;
iar eu, eu iubesc ploile care intră în gospodărie şi-nluminează familia
ploile care se-mbată de mizerie la barierele oraşelor mari
şi năvălesc în spitale ca nişte alcoolici dedaţi la violuri

The lovers withdrew their hands from the pockets of the men
withdrew their hearts,
sang in rags through the rooms, sang in a choir
and made signs — and the moon appeared and the stars appeared
and on the bridge of doubts for the tardy angels
the ghosts passed by, the Lazari.

Since then the balconies smell of fall
have beautiful throats and yawn in the market
the high-noons with great udders.

Now, it is of the spirit of the rains I'll speak to you
        of vegetal kings resurrected in them
into a sonorous, overwhelming, acerbic barbarity.

Oh, these rains as big as continents
rains of the oceans, rains out of a desperate reactant's diary,
                from his everywhereness,
                from a railway station
rains of the silver coast of the metaphor, rains out of the oat spike,
rains of the great wanderers, of lovers —
        tropical, temperate
rains of the last American farms
of the shelterless mountains
matte rains
                like a premonition.

In their looks held hidden
ferment all the murders of tomorrow, all the mythology of
                                                        fecundation,
    all the revolutions of the world
    brutal, adamant,
for nobody can gentle the categorical intentions of the rains
        (as unique as it is
            as strange as it is
            how good it is
            that the rains have criminal ways !);
yet I, I love the rains entering the household to illuminate the family
the rains that booze on the squalor at the great cities' gates
storming into hospitals like drunkards intent on rape

ca niște femei brațalbe perfide
ca niște uverturi pornografice.

    Ploi abundente, pline de sex, înfășurate
    într-o ceață provizorie — cînd năvăliți din toate cartierele
    aveți ceva tulbure, predestinat,
    călătoriți de demult, veniți de foarte departe
    se uită alaiul vostru prin case, după voi, ca după străini
    se uită cugetul nostru prin noi și înțelege puțin
    trece neliniștea despuiată ca lebăda nopții
    prin curte,
            mirînd năvi, disperare —
  și plînge.

Sînt ploile căzute în centru, ploile care
dezlănțuite pe cîmp se fac mai puternice și se întorc în oceane,
iar în camere de hotel rămîn femeile albe
   cu vorbele ca niște pahare
   cu mîinile ca niște poteci
să-și aștepte (buzele închise, ușile închise)
amanții din Haiti sau Potomac,
din portul teribil cu marinari și haimanale cîntat de Walt Whitman.

like white-armed women of perfidy
like pornographic overtures.

    Abundant rains, full of sex, wrapped
    in a provisory fog — when you storm from all quarters
    you have something about you, murky, predestined,
    you are long traveled, come from very far
    your pageant seeks after you, like strangers, in houses,
    our wisdom seeks in us and fathoms little
    disquiet crosses naked like the swan of the night
    through the yard
      surprising boats, despair —
    and weeps.

These are the rains fallen in the center, which
unleashed on the field grow stronger and return to oceans,
while in hotel rooms the white women
    their words like glasses
    hands like paths
await (lips closed, doors closed)
their lovers out of Haiti and Potomac,
up from the harbor ghastly with sailors and rogues sung by Walt
                                 Whitman.

ABIS

Sînt piatra care se rostogoleşte.
Am fost la bîlciul proorocilor şi
m-am tăvălit prin iarba dresorilor de vorbe.
Ştiu durerea din ochii
întorşi ca să-şi mănînce lacrimile.

Apa s-a mai zbenguit printre păstrăvi.
Vîntul a mai zăbovit pe la porţi.
Te-ntorci în tine.
Te închizi în morţi.
Eşti piatra care se rostogoleşte.

ABYSS

I am the tumbling stone.
I was at the prophets' fair and
I rolled in the grass of the word-tamers.
I know the pain in the eyes
turned inward to eat up their tears.

The water frisked a while among trout.
The wind lingered a while at the gates.
You turn back in yourself.
Close yourself in the dead.
You are the tumbling stone.

CONTRAPUNCT

Grădina spune năzbîtii la soare . . .
Cu coafura lor albă, ce bătrîni
sînt pomii primăvara !

COUNTERPOINT

The garden tells silly yarns in the sun . . .
With their white hairdo, how old
are the trees in the spring!

CALUL

Sînt ideea prin care se intră în cetate.
Nu e de ajuns să dai un regat pe un cal.
Pe un cal trebuie să dai totul,
pentru a nu rămîne în afara cetăţii
ca singurătatea
sau ca marele fiu al cenuşii.
Orice om are nevoie de-un cal.
Niciodată caii n-or să dispară din istorie.
E-o problemă de viaţă şi de moarte.
Dar pe un cal trebuie să dai tot o idee
din care să iasă oameni şi arme,
mai ales că un cal se poate face din orice
chiar şi din compot, chiar şi din fluturi,
cu singura condiţie însă
ca să nu-l poată mînca niciodată
chibritele şi lupii.

THE HORSE

I am the idea by which you enter the city walls.
It isn't enough to give a kingdom for a horse.
For a horse you must give everything,
not to be left outside the walls
like forlornness
or like The Grand Son of Ash.
Any man needs a horse.
Horses will never disappear from history.
That is a problem of life and death.
But a horse is worth no less than an idea
out of which men and arms would come,
given that one can make a horse out of anything
even out of compote, out of butterflies,
with one condition only
that it could not be eaten ever
by matches and by wolves.

FOTOLIU DE AMURG

Viaţa mea a fost o cenuşăreasă
care nu şi-a mai găsit condurii.
Creşteau împrejur zorzoanele naturii,
iar zorile-ndemnau „hai" şi noaptea-mi spunea „lasă".
Au stat constelaţiile cu pasărea de aur la masă
ca-ntr-o ghicitoare.
Dar pasărea sta în picioare
şi nimeni n-a ştiut.
Pîlpîia un înger de lut
pe umerii tăi fără nume,
iar taina şi-a tot pierdut fecioriile-n lume . . .

Acum e tîrziu, din pămînt
ies calendare cîntate de vînt
şi zângăne, pe coifurile holdelor, lunile —
din loc în loc, la cîte-un sat . . .
Parcă-aud vîntul povestindu-mi rugăciunile
din care-am plecat.

TWILIGHT ARMCHAIR

My life was a cinder-girl
who never found her dancing shoes again.
All about nature's frippery was growing,
dawns prodded me "go on" night told me "leave off."
Sat the constellations with the bird of gold at the table
as in a riddle.
But the bird remained standing
and no one knew.
An angel of loam flickered nameless
on your shoulders,
while the mystery went on in the world losing its innocence . . .

Now it is late, out of the earth
grow calendars sung by the wind
and moons are clanging on the helmets of fields —
here and there, in some village . . .
I think I hear the wind recounting my prayers
which I have departed.

GIORDANO BRUNO

Cu agonia şi rănile.
Unul după o uşă, altul după cealaltă uşă.
Azi nu ştiu cine sînt.
Să pui roua la fiert . . . Care-i nebunul ?
Pipăiam infinituri. Superbe portrete ale dezamăgirii.
Dei Piombi.
Plumbul nu glumeşte cu nimeni.
Ei — paznicii. Eu — nopţile.
Omenirea e înconjurată de ziduri de frică.
Am întîlnit îndoiala. Mi-ascundeau cărţile.
Violenţi în numele blîndeţii ; mincinoşi în numele adevărului.
Nimic nu trebuie ascuns.
Din ei lipseşte libertatea. Pe-a mea n-o îndură.
Rîvnit unde n-ajunsesem, visat de unde plecam —
cînd am înţeles că nu trebuie să te mai întorci niciodată nicăieri,

înţelegerea mea urca pe rug.

GIORDANO BRUNO

With the agony and the wounds.
One behind one door, the other behind the other door.
Today I don't know who I am.
To put the dew to boil . . . Who is the madman?
I was groping for infinities. Superb portraits of disenchantment.
Dei Piombi.
Lead doesn't jest with anyone.
They — the guards. I — the nights.
Mankind is surrounded by walls of fear.
I met doubt. They were hiding my books.
Violent in the name of kindness; liars in the name of truth.
Nothing must be hidden.
They are lacking liberty. Mine, they cannot bear.
Envied where I had not arrived, dreamed of whence I left —
when I understood one must not ever return, never, nowhere,

my understanding was climbing the stake.

ARGUMENT DE APOI

Trec anii ca niște măgari.
Copiii s-au făcut mari —
ici un homuncul, dincolo un corci,
trec anii ca niște porci —

eu dorm într-un prooroc din Egipt . . .

poate că lucrurile pe care nu le-am cunoscut
sînt la fel de murdare.

ULTIMATE ARGUMENT

The years pass like donkeys.
The children have grown up —
here a homunculus, there a mongrel,
the years pass like pigs —

I am sleeping in a prophet from Egypt . . .

maybe the things I have not known
are just as dirty.

SHAPES

I

Cînd se culeg roadele pleacă păsările.
Cînd vin păsările se zămislesc roadele.
Hora nu îmbătrînește niciodată.

La mijloc sînt munții și deasupra
deasuprelor   e mijlocul munților.
Ca forma durerii spre forma gîndirii.

Timpul ia asupră-i întrebările și cugetul.

II

Nemurire. Obîrșie a stelelor noastre.
Geografia istoriei aduce gnomi.
                    Pe holoturii albastre,
coborîtor din două șiruri de-mpărați,
poporul e de-o vîrstă cu lumina.

Sub gorgane dorm regi.

POEMS

SHAPES

I

When the fruit is gathered the birds go off.
When the birds come the fruit is conceived.
The round dance never ages.

In the middle are the mountains and above
the aboves   is the middle of the mountains.
Like the shape of pain into the shape of thought.

Time takes upon itself the questions and the reasoning.

II

Immortality. Ancestry of our stars.
The geography of the history brings gnomes.
                              Upon blue holothuria,
descending from two rows of emperors,
this people is of one age with the light.

Under the cairns sleep kings.

III

Aici dumnezeul tărîmurilor s-a chemat omenie.
Ori de cîte ori s-a stricat, se scămoşa,
din casa aceasta
fantastic de simplu
cineva
a venit să-l repare.

Soare al stelelor neînşelătoare !

Aici o istorie a geografiei învaţă să ştie.

IV

De jur împrejur apele curg în eternitate,
ca forma gîndirii spre forma durerii.
Dansează, pe talerul echinocţiilor,
tăceri halucinante.
Aici viitorul şi trecutul se culcă în flăcări.

Puncte cardinale.
Zeu de singurătate.

Trupul tău s-a născut cuget.

III

Here the god of the realms was called humaneness.
Whenever he broke down or frayed,
out of this house
fantastically simple
somebody
came to fix him.

Sun of the undeceiving stars!

Here a history of geography learns to know.

IV

All around, the waters flow into eternity,
like the shape of thought into the shape of pain.
Hallucinating silences
dance on the salver of the equinoxes.
Here the past and the future lie down in flames.

Cardinal points.
Solitude-god.

Your body was born spirit.

Books by Ion Caraion

POETRY

Panopticon   (1943)
Man Outlined against the Sky   (1945)
Black Songs   (1947)
Essay   (1966)
Nobody's Morning   (1967)
The One Unknown to the Windows   (1968)
Above the Aboves   (1970)
The Mole and His Kin   (1970)
The Graveyard in the Stars   (1971)
Selene and Pan   (1971)
The Mountains of Bone   (1972)
The Leaves in Galahad   (1973)
Poems   (1974)
The Morning Things   (1978)
The Interrogation of the Magi   (1978)
Love is Death's Pseudonym   (1980)

POETRY FOR CHILDREN

Marta   (1974)
One Ear of Sweetness and One Ear of Wormwood   (1976)

PROSE

THE TABLE OF SILENCE — A Symposium of Metaphors in the Work of Brâncuşi   (1970)
DUEL WITH LILIES   (1972), essays
THE ENIGMATIC NOBILITY   (1974), essays
THE HATTER OF WORDS   (1976), essays
BACOVIA. THE CONTINUOUS ENDING   (1977), essay
JOURNAL I   (1980)

TRANSLATIONS

Edgar Lee Masters, SPOON RIVER ANTHOLOGY   (1969)
FIVE SWISS POETS   (1971)
Ezra Pound, CANTOS AND OTHER POEMS   (1975)
AN ANTHOLOGY OF FRENCH POETRY FROM RIMBAUD TO OUR TIMES, 3 vol. (1977), with O. Crohmălniceanu
ANTHOLOGY OF AMERICAN POETRY   (1979), with Petre Solomon